CONCOURS

DE

POÉSIE BASQUE

A SARE

EN 1869

Extrait de la Revue de Linguistique et de Philologie comparée.

PARIS

MAISONNEUVE ET Cⁱᵉ, LIBRAIRES-ÉDITEURS

15, Quai Voltaire, 15

1870

CONCOURS

de

POÉSIE BASQUE

EN 1890

PARIS

1890

CONCOURS

DE

POÉSIE BASQUE

A SARE

EN 1869

J. VINSON

CONCOURS

DE

POÉSIE BASQUE

A SARE

EN 1869

Extrait de la *Revue de Linguistique et de Philologie comparée.*

PARIS

MAISONNEUVE ET Ce, LIBRAIRES-ÉDITEURS

15, *Quai Voltaire*, 15

1870

CONCOURS

DE

POÉSIE BASQUE

A SARE

———

La fête locale de la commune de Sare est remarquable entre toutes celles du pays basque. M. Antoine d'Abbadie, de l'Institut, envoie tous les ans au maire de Sare une somme de 830 francs qui doit être distribuée, pendant la fête, en primes diverses. Je ne m'occuperai pas de celles allouées aux joueurs à la *pelote* (paume) et aux éleveurs de bestiaux. Mais quatre-vingts francs sont attribués au plus habile improvisateur et une somme égale est accordée à l'auteur de la pièce de poésie jugée la meilleure par une commission spéciale instituée par le donateur; de plus, grâce à la générosité de M. de Laborde-Noguez, d'Ustaritz, un *makhila* (sorte de canne nationale) argenté est remis à l'auteur du poème écrit qui a été couronné.

Sare est un charmant village, à vingt-huit kilomètres de

Bayonne, à treize kilomètres de Saint-Jean-de-Luz, à deux pas de la frontière de l'Espagne (Navarre), bien assis entre des montagnes pittoresques. En 1869, la fête, qui commence le jour de la fête catholique de la Nativité de la Vierge, se célébrait les 12, 13, 14 et 15 septembre. Le temps était beau ; une foule nombreuse, bruyante et extrêmement variée se pressait de bonne heure dans les divers *quartiers* du village et sur les routes qui y conduisent.

La séance d'improvisation a commencé à quatre heures du soir le mardi 14 septembre ; elle a duré trois heures entières. Un grand nombre de curieux étaient massés sur la *place* (emplacement pour le jeu de paume) et sur les galeries où des siéges réservés étaient occupés par les autorités locales et par quelques étrangers privilégiés. Quatorze concurrents se sont présentés ; successivement, deux à deux, ils ont pris la parole, discutant l'un avec l'autre, sur les sujets que le président, M. d'Abbadie, leur indiquait à mesure. Les Basques ont une merveilleuse faculté d'improvisation : il est vrai que souvent les idées sont médiocres, les rimes insuffisantes et les vers boiteux ; mais cela se chante et l'on sait que la poésie, grâce à la musique, peut opérer des prodiges. La prime a été partagée entre un cordonnier nommé Ibarra, de Jatxou, et une jeune fille, de vingt-cinq ans environ, qui a déclaré se nommer Maria-Luisa Osollo ou Osorio, d'Ascain. Ils avaient lutté ensemble à la fin de la séance : on leur avait imposé l'obligation de se tutóyer (1). Il s'agissait d'une demande en mariage : la jeune fille, d'abord cruelle et farouche, s'est rendue, après une assez longue discussion, aux prières de l'amoureux. Les deux vainqueurs se sont présentés en se donnant le bras, devant les juges pour recevoir le montant du prix : la foule

______

(1) Voyez page 14 la note explicative.

les a frénétiquement applaudis. Il est assez rare que des femmes improvisent ainsi publiquement; jusqu'à présent, on n'avait encore vu prendre part au concours qu'une jeune Espagnole de Fontarabie qui n'a plus paru depuis trois ans. Mlle Osorio est assez jolie; très brune, de petite taille, vive et spirituelle, elle a plu à tous ses auditeurs : on a seulement regretté qu'elle n'ait pas été plus émue. — Je n'ai pu recueillir aucun des dialogues improvisés que leurs auteurs du reste avaient complètement oubliés quelques moments après avoir cessé de chanter.

La pièce de poésie classée par le jury au premier rang, parmi les poèmes écrits qu'on lui avait envoyés, a été chantée sur la *place* le lundi matin, à neuf heures, avant le commencement de la grande partie de *pelote,* par des chanteurs que le maire avait désignées *ad hoc;* puis les quatre-vingts francs et le *makhila* argenté ont été remis au vainqueur, M. Augustin Etcheverry, de Sare même. Sur ma demande, M. d'Abbadie a bien voulu faire chanter ensuite la poésie qui avait obtenu le second rang. Elle est incontestablement supérieure à la première, quant aux idées et à la composition, mais le jury l'a écartée à cause de quelques fautes de grammaire. J'ai prié l'auteur de les corriger et je vais reproduire ici cette jolie pièce; elle n'est point encore irréprochable : ainsi plusieurs personnes compétentes du pays n'aiment pas les vers 8, 30, 31, 37, 40, 46. Cette ballade est de M. Edmond Guibert, qui n'a encore écrit que quatre chansons basques et qui a droit par suite à toute l'indulgence des amateurs.

J'ai joint à chaque couplet une traduction serrant le texte d'aussi près que possible. Des notes donneront une traduction plus littérale de certains passages auxquels le mot à mot exact aurait enlevé tout leur charme. Une seconde série de notes exposeront les remarques grammaticales auxquelles peuvent donner lieu certains vers du texte. Le dialecte employé est une variété du labourdin. J'ai respecté complétement l'orthographe de l'auteur : aucun des changements phonétiques usuels n'est indiqué. L'air sur lequel la chanson a été composée est celui, bien connu dans le pays basque, de la romance populaire *Inchauspeko alaba* *.

JULIEN VINSON.

Bayonne, le 16 octobre 1869.

Berxutako Gudua

(Lutte poétique)

Sarako bestan, 1869 [an]

(A la fête de Sare, en 1869)

Ohorezko aiphamena eraman duen cantua

(Le chant qui a remporté la mention honorable)

Andregeya

(La Fiancée)

Edmond Guibert Ezpeletarrak egina

(Fait par Edmond Guibert, d'Espelette).

———

Gauerdi da herriko orenean;
nihon ez da argirik lurrean;
ez ditake mendian adi deusik,
haizearen harrabotsa baizik.

Il est minuit à l'horloge du pays; — nulle part il n'y a de lumière sur la terre; — dans la montagne, rién ne peut être entendu, — si ce n'est le bruit du vent.

Yautsia da loa begietarat;
choil halere neskatcha gazte bat,
bere leihoan, gau hura bezen triste,
atzarria dago orai arte.

Le sommeil est descendu sur (tous) les yeux; — seule cependant une jeune fillette, — à sa fenêtre, triste comme cette nuit, — n'est pas encore endormie (1).

> Zazpi urthe bethe dire yadanik,
> yoanez geroz maitea herritik;
> eta huna urthe bat Mariari
> ez diola berri·ik egorri (ª).

Sept années se sont écoulées (2) déjà, — depuis que le bien-aimé est parti du pays; — et voici une année qu'à Maria — il n'a pas envoyé de nouvelles (3).

> Idortean lorea laster histen (ᵇ) :
> tri·tezian Maria hiratzen (ᵇ);
> ezpainetan ya hil zayo irria;
> bethea du nigarrez begia.

Dans la sécheresse, la fleur se fane vite : — dans la tristesse, Maria dépérit; — sur ses lèvres déjà est mort (4) le sourire; — elle a les yeux (5) pleins de larmes.

> Urso batek, galdaz geroz laguna,
> kantatzeaz eztitzen du phena·;
> andregeyak, hegaztiñ bat iduri,
> ıgortzen (a) 'tu (ᶜ) hitz hauk haizeari :

Une palombe, après avoir perdu sa compagne, — par le chant (6) adoucit sa (7) peine; — la fiancée, semblable à un oiseau, envoie au vent ces paroles :

> « Yoan denean, oraino haurra nintz n,
> « a ıaya bat kasik neretzat zen;
> « erreztun bat, ait'-amen aintzinean.
> « eman darot (ᵈ), adios erraitean.

« Quand il est parti, j'étais encore enfant; — il était pour « moi presque un frère ; — un anneau, en présence de mes « parents (8), — il me donna, en disant adieu.

« Orduz geroz, maiz egiten dut nigar ;
« bain eder zen, bain erne, bain azkar !
« etzuen, ez (ᵉ), mendietan parerik :
« urrundu da.... nik ez dut berririk.

« Depuis lors, souvent je pleure ; — qu'il était beau, vif,
« fort ! (9) — Il n'avait pas, non, d'égal dans les monta-
« gnes ; — il s'est éloigné..... je n'ai pas de nouvelles (3).

« Biholzean duda bat dut sentitzen :
« maitea hil beldur naiz othe den ;
« nere ama gaitzak niri yoan daut (ᵈ) yaz (f ,
« oinhazeak gabetu nau aitaz

« Dans le cœur, j'éprouve une inquiétude (10) : — je
« crains que le bien-aimé ne soit mort ; — la maladie m'a
« enlevé l'an passé ma mère ; — la douleur (causée par cette
« perte) m'a privée de mon père (11).

« Gelditu naiz nere amasorekin ;
« sustengatzen gare elgarrekin :
« nik gidatzen ditut haren urratsak,
« hark chukatzen dait nere nigarrak.

« Je suis restée (seule) avec ma grand'mère ; — nous
« nous soutenons mutuellement (12) : — moi, je guide ses
« pas ; — elle, elle sèche mes pleurs.

« Emaiten dut ner', ustea Yaunean (ᵍ) ;
« indarra dut hartzen othoitzean ;
« bainan ez da neretzat zorionik :
« maitearen ez baitut berririk. »

« Je mets ma pensée dans le Seigneur ; — je prends de la
« force dans la prière ; — mais il n'est pas de bonheur pour
« moi : — je n'ai pas de nouvelles (3) du bien-aimé. »

Kolpez, bortban yotzen du esku batek,
boz batek dio : « Idekazu, idek ! »
andregeya, boz hau ezagutzean,
chutitzen da, ikhara zainetan.

Tout à coup, une main frappe à la porte, — une voix dit : « Ouvrez, ouvrez! » — La fiancée, en reconnaissant cette voix, se lève toute tremblante (13).

Idekitzen du amasok athea :
Mariaren han zagon maitea!
« Oi! Yaun ona ! » et', altchatuz eskuak,
bedeikatzen ditu bere haurrak.

La grand'mère ouvre la porte : — là était le bien-aimé de Maria! — « Oh! Seigneur bon! » et, levant les mains, — elle bénit ses enfants.

Iduzkiak argitzen du (h) mendian....
Mari' orai ez da tristezian;
elizako ezkilek bozki yotzen (b);
andregeya egun da ezkontzen.

Le soleil brille dans la montagne.... — Maria maintenant n'est pas triste; — les cloches de l'église sonnent joyeusement; — la fiancée se marie aujourd'hui.

NOTES RELATIVES A LA TRADUCTION

———

Les mots entre parenthèses ne se trouvent pas dans le texte.
— (1). Litt. : reste éveillée jusqu'à maintenant. — (2). Litt. :
sont pleines. — (3). Litt. : de nouvelle. — (4). Litt. dans-les-
lèvres déjà mort lui-est. — (5). Litt. : l'œil. — (6). Litt. : par le
chanter. — (7). Litt. : la peine. — (8). Litt. : des père-mère. —
(9). Litt : combien beau il était, combien vif, combien fort ! —
(10). Litt. : je-le-sens un doute. — (11). Litt. : du père. — (12).
Litt. : nous nous soutenons avec-les-deux : ou, avec-l'un-l'autre.
— (13). Litt. : se met debout, le tremblement dans les nerfs.

———

NOTES GRAMMATICALES

———

(a). *igortʒen, egorri*. Remarquez la variation de la voyelle
initiale. — (b) *histen, hiratʒen, yotʒen*. L'auxiliaire est sous-
entendu. C'est une licence fréquente dans les chansons basques.
— (c). *'tu*, pour *ditu*. Abréviation très communément employée
dans la conversation; les écrivains modernes ne la conservent
pas dans leurs écrits, mais voyez la deuxième édition d'Axular
(Bordeaux, s, d.; 1650?). Remarquez ici la faute labourdine :
ditu « il les a » est pour *diotʒa* ou *dioʒka* « il les a à lui » —
(d). *darot, daut*. C'est la même forme; *daut* seul est employé
dans la conversation; *darot* est théorique, mais tous les Basques,
même les moins lettrés, la tiennent pour réelle et authentique

— (e). Cette répétition est très familière aux Basques; en parlant français, ils diront toujours par exemple : « je ne suis pas malade, non » ou « il voulait, oui ». — (f). *yaꭓ* suivant les dialectes varie en *chaꭓ* et *igaꭓ*, cf. port. *chegar*, esp. *llegar*. — (g). Cette forme de locatif n'est pas employée ici correctement; comme il s'agit d'une personne il eût fallu dire *yaunaren baithan*. — (h). *argitꭓen du*, sans régime déterminé. Expression très basque.

NOTE A LA PAGE 6.

En basque, le tutoiement existe à toutes les personnes ; c'est-à-dire que toutes les formes verbales sont susceptibles de quatre modifications différentes que M. l'abbé Inchauspe appelle les *traitements* indéfini, masculin, féminin et respectueux ; ces trois derniers sont appelés par le prince Bonaparte formes allocutives. Le second ou le troisième s'emploie lorsqu'on veut adresser familièrement la parole à un homme ou à une femme ; c'est là le tutoiement basque. Ainsi un émigrant dira à sa fiancée : *dirua irabaꭓiko, dinat, eia gero eꭓkonduko gaitun*, « je gagnerai de l'argent et nous nous marierons ensuite », et elle lui répondra : *bainon itsasoa traidorea duk*, « mais la mer est traîtresse! ». Ainsi, le sexe de la personne à laquelle on parle détermine l'emploi des formes masculines ou féminines.

Le traitement indéfini est généralement usité; les Basques ne connaissent pas tous les trois autres qui servent très peu. Et même le labourdin, le guipuzcoan et le biscayen ne possèdent pas le respectueux en dehors de la seconde personne du singulier; un autre dialecte au contraire n'a pas d'indéfini; le respectueux est usité à sa place. Dans tous les dialectes, la seconde pers. du pluriel n'a que l'indéfini; la seconde pers. du singulier a un respectueux qui n'est probablement que le pluriel indéfini ancien; cette seconde pers. du singulier n'a souvent ni masculin ni féminin : c'est à tort en effet selon moi que M. Inchauspe ne voit pas des indéfinis dans *haiꭓ, huen, bahu, heꭓake*, etc. : il y voit de formes à la fois masc. et fém., sans indéfini.

Je crois intéressant de donner ici le tableau des ces quatre modifications pour la forme la plus simple de l'indic. prés. des deux auxiliaires, en labourdin. Je prends le respectueux dans la variété parlée aux confins du Labourd, à Mouguerre et Briscous, près de Bayonne.

	Indéf.	Masc.	Fém.	Resp.
je l'ai	*dut*	*diyat*	*diñat*	**dichut*
tu l'as	»	*duk*	*dun*	**duchu, duzu*
il l'a	*du*	*dik*	*din*	**dichu*
nous l'avons	*dugu*	*diyagu*	*diñagu*	**dichugu*
vous l'avez	*duzue*	»	»	»
ils l'ont	*dute*	*ditek*	*diten*	*dichie*
je suis	*naiz*	*nauk*	*naun*	**nauchu*
tu es	*haiz*	»	»	*zare, *zira*
il est	*da*	*duk*	*dun*	**duchu*
nous sommes	*gare*	*gaituk*	*gaitun*	*gaitutzu*
vous êtes	*zarete*	»	»	»
ils sont	*dire*	*dituk*	*ditun*	**ditutzu*

Les verbes dits à tort contractes ou irréguliers ont également ces modifications; ainsi on entendra dire : *dakit* « je le sais », *dakiyat* « je le sais, ô toi homme », *dakiñat* « je le sais, ô toi femme », **dakichut* « je le sais, ô vous que « je respecte ».

Très peu de livres basques donnent des spécimens de ce tutoiement. On trouvera un long dialogue entre hommes, où il est employé, au chapitre VII d'un ouvrage basque actuellement sous presse à Bayonne, *Atheka-Gaitzeko oihartzunak,* par M. J.-B. Dasconaguerre, membre du conseil général des Basses-Pyrénées.

J. .

Typ. Alcan-Lévy, rue Lafayette, 61, et passage des Deux-Sœurs.